I0815596

Avispón asiático

Grace Hansen

Abdo Kids Jumbo es una subdivisión de Abdo Kids
abdobooks.com

abdobooks.com

Published by Abdo Kids, a division of ABDO, P.O. Box 398166, Minneapolis, Minnesota 55439.

Abdo Kids Jumbo™ is a trademark and logo of Abdo Kids.

Printed in China

102024

012025

THIS BOOK CONTAINS RECYCLED MATERIALS

Spanish Translator: Maria Puchol

Photo Credits: iStock, Minden Pictures, Shutterstock

Production Contributors: Teddy Borth, Jennie Forsberg, Grace Hansen
Design Contributors: Candice Keimig, Victoria Bates

Library of Congress Control Number: 2024939016

Publisher's Cataloging-in-Publication Data

Names: Hansen, Grace, author.

Title: Avispón asiático/ by Grace Hansen.

Other title: Asian giant hornet. Spanish

Description: Minneapolis, Minnesota: Abdo Kids, 2025. | Series: Insectos impresionantes | Includes online resources and index

Identifiers: ISBN 9798384904373 (lib.bdg.) | ISBN 9798384904939 (ebook)

Subjects: LCSH: Hornets--Juvenile literature. | Predatory insects--Juvenile literature. | Insects--Juvenile literature. | Insects--Behavior--Juvenile literature. | Spanish language materials--Juvenile literature.

Classification: DDC 595.7--dc23

Contenido

El avispón asiático

El avispón asiático es **originario** del este y sureste de Asia. Es muy común en Japón. Suele vivir cerca de bosques.

¡No sorprende que se llame avispón, son las avispas más grandes del mundo!

El cuerpo de este gigante avispón tiene rayas negras y naranjas. Está dotado de dos pares de alas.

avispón asiático
abeja melífera
oriental

La cabeza del avispón asiático es ancha y naranja, los ojos tienen forma de gota. Además, tienen **mándíbulas** muy fuertes.

mandíbula

La vida en la colonia

Los avispones asiáticos son animales sociales y viven en **colonias**.

En las **colonias** hay tres tipos de avispas, la reina, las **obreras** y los **zánganos**. La reina es la más grande, puede medir hasta dos pulgadas de largo (5 cm).

Las **obreras** consiguen alimento y cuidan del nido. Los **zánganos** tienen un solo trabajo, **aparearse** con la reina avispón.

Las **colonias** de avispones asiáticos viven en nidos. Éstos están escondidos, unas veces bajo tierra, otras en árboles.

Caza

El avispón asiático es un depredador natural. Puede acabar fácilmente con otros insectos de gran tamaño.

Más datos

- En Estados Unidos los avispones asiáticos son una especie invasora. Esto significa que no son nativas del lugar y pueden suponer un peligro para otras especies **originarias**.

- Algunas veces se las ha llamado las “avispas asesinas” porque atacan colmenas enteras de abejas. Pueden matar de 5,000 a 25,000 abejas en cuestión de horas.

- La reina del avispón asiático puede llegar a ser tres veces el tamaño de las abejas de la miel.

Glosario

aparearse – juntar machos y hembras de la misma especie para tener crías.

colonia – grupo de insectos de una misma especie que viven juntos.

mandíbula – parte frontal en la boca de los animales que sirve para morder.

obrera – miembro hembra de una colonia de insectos que consigue alimento y cuida de las crías.

originario – que ha nacido o proviene de un lugar.

zángano – avispa de sexo masculino cuya única función es aparearse con la reina.

Índice

¡Visita nuestra página **abdokids.com** para tener acceso a juegos, manualidades, videos y mucho más!

Los recursos de internet están en inglés.

Usa este código Abdo Kids

IAK7342

¡o escanea este código QR!